Finnish graphic designer

北欧フィンランド　グラフィックの巨匠

エリック・ブルーン

29.5.2015

[signature]

Erik Bruun
Finnish Graphic Designer

PIE International Inc.
2-32-4 Minami-Otsuka, Toshima-ku, Tokyo 170-0005 JAPAN
sales@pie.co.jp

ISBN978-4-7562-4663-9 Printed in Japan

contents

introduction

"Posters should elicit a smile from viewers," declares Erik Bruun. Overflowing with ideas even now at age 89, the artist still generates one design after another, each bringing smiles to faces. The inspiration for his Finnair poster incorporating three fish hit while Bruun was on his way to do a bit of fishing, one of his favorite pastimes. Meanwhile, his miniature of the ringed seal "who posed smiling for me" and the other works in the Bruun collection reflect the gentleness and the humor of their creator.

This compilation presents an overview of the artist's work from the 1950s until the present, broadly grouped into three categories.

The first chapter, focusing primarily on the 1950s, depicts the illustrated posters which he continues to create, along with original pictures. "The role of posters," explains Bruun, "is to communicate immediately, even from a distance." The strength of the designer's numerous posters indeed reflects that conviction.

Chapter 2 introduces a wide spectrum of the artist's graphic work, spanning advertisements, book covers, logos and more. Bruun's characteristic pictorial expression, displaying a refinement differing from that of the Chapter 1 illustrations, is communicated in his bold composition and in the beauty of his photographs and calligraphy.

Chapter 3 is devoted to miniatures and sketches. The adorable animals and birds drawn with fine overlapping lines have been beloved by Finns for many years, with his residential landscape and bird designs featuring on many a postage stamp.

The sketches of artist Erik Bruun, who insists that designing is his hobby, reveal an abundant inquisitiveness like that an unaffected child.

はじめに

「ポスターは、見る人を笑顔にしなければならない」と語るエリック・ブルーン。
89才の現在も、溢れ出るアイデアで人々を笑顔にする作品を生み出しています。趣味の
釣りに行く移動中に発想を得た、魚の形をしたフィンエアーのポスター。「笑顔でポーズを
してくれた」と語るアザラシの細密画など、エリックの作品には彼の優しいまなざしとユー
モアが込められています。

本書は、1950年代から現在までのエリック・ブルーンの仕事を3つのカテゴリーで紹介
していきます。
第1章では、50年代を中心に、そして現在も現役で描き続けるイラストレーションのポス
ターと原画を紹介します。「遠くから見ても、一目で伝えたい事が分かるのがポスターの
役目である」というエリックの信念が貫かれている、力強いポスターの数々です。

第2章では、広告・装丁・ロゴデザインなど、幅広いグラフィックの仕事を紹介します。
写真や書体の美しさ、構図の大胆さなど、エリックならではのグラフィック表現は、1章
のイラストレーションとは違う洗練されたデザインを作り出しています。

第3章では、細密画とスケッチを紹介します。細い線が重なり合って描き出される愛らし
い動物や鳥たちは、長い間フィンランドの人々に愛されてきました。街の風景や鳥たちは、
郵便切手としても数多く採用されています。
描く事が趣味というエリックのスケッチは、純粋な子どものような好奇心に溢れています。

今でも思いついたらすぐに作品を持ち込んで、自ら売り込みをするバイタリティは、心から
仕事を楽しんでいるエリックの変わらないスタイルです。
生き生きと描かれるモチーフ、多くの人を笑顔にしてくれるユーモアなど、エリック・ブルーン
の魅力に触れていただければ幸いです。

KENELLE TEEN JA MIKSI

Käyttögraafikon pitäisi olla ammatissaan oikeastaan
leikkimielinen keksijä. Hänen tulisi löytää tilatulle tehtävälle
visuaalinen idea. On hyvä jos ymmärtää, että mahdollisuuksia
on yhtä paljon kuin on graafikoita.
Jotta idea löytyisi olisi ajateltava keitä työn tulee puhutella
ja keksittävä millä ratkaisulla asia tulee huomatuksi.
Sitä kannattaa hakea. Eikä se aina helposti löydy, koska
siihen tarvitaan innostus eli inspiraatio. Jos tehtävän
kokee tärkeäksi, siitä pystyy näkemään vaikka unta - jos ei,
on tehtävään ryhtymistä lykättävä tai etsittävä innoitusta
perusteista.
Graafikon työkalut: Hiililankalamppu (malli Edison)
                       Kynttilä
                       kipinä ja lyijykynä.
                       Näiden avulla on tarkoitus
                       välttää tavanomaisuuksia.
                       Tavoitteena aina ennenkaikkea
                       O I V A L L U S

                                      ✐ 2014

誰のために？　なぜ？

グラフィックデザイナーは実に遊び心と発想力が必要な職業である。依頼された課題に対し、視覚的なアイデアを提供するのが仕事だ。グラフィックデザイナーの数だけ可能性があることを知って欲しい。

デザインする際には、誰に訴えかけるのか、どんな手段を使えば見る人が気づくのか考えることが重要である。答えは探さないと見つからない。いつも簡単に見つかるものではない。なぜなら、そのためには夢中になること、つまりインスピレーションが必要であるからだ。仕事が重要であると感じる時は、夢でも見ることができる。もしそうでない場合、一度手を休めるか、もう一度基本に立ち戻り、情熱を探すべきである。

グラフィックデザイナーの道具：
電球（エディソン型）
ろうそく
ひらめき、えんぴつ

これらの助けで、ありきたりのアイデアを避けることができる。
最高の発見を常に目指すべきである。

エリック・ブルーン

エリックの仕事で、重要な転機となった
作品をいくつかご紹介します。
「色々な角度から試す」
「きっかけは自分で探す」、
「自分を信じてあきらめない」など、
名作が生まれる背景には、エリックの
デザイン哲学が隠されているのです。

初めての優勝作品

フリーランスデザイナーになって間もない1953年、ス
ウェーデン語の有力紙Hufvudstadsbladet社に手がけ
たポスターがその年の最高ポスター賞を受賞しました。フ
リーランスデザイナーは直接クライアントとモチーフにつ
いて意見を交わすことができるので、非常に大きな利点
だったそうです。エリックは3つの提案をクライアントに
見せました。ミーティングの夢を見てしまうほど、緊張し
たそうです。クライアントは、ヘルシンキの街並がシルエッ
トになっている背景に本社ビルがそびえ立ち、空中に新聞
が舞う様子が描かれたポスターを気に入りました。1953
年に広告ポスターの価値を上げ、その芸術性と技術の発
展のために、広告ポスターのコンペが設けられ、エリック
のポスターが初の優勝を飾り、数々のメディアで紹介され、
注目を集めました。このコンペでの優勝のお陰で、若手グラ
フィックデザイナーは仕事に困ることはありませんでした。

リトグラフの達人

1950年代から1960年代にかけて制作したポスターのほ
とんどはリトグラフの技法で作られました。エリックは学
校でリトグラフを習得し、エリックの右に出るものはいな
いほどの腕を誇ります。当時のセリグラフィー（シルクス
クリーン）では表現しきれないディテールもリトグラフで
は可能で、写実的な描写を得意としていたエリックの作風
には最適でした。エリックは印刷所に自ら通い、石版に直
接絵を描きました。当時の製作所の雰囲気が好きでした
が、エリックが通っていたTilgmann社も1955年にはリト
グラフの扱いをやめてしまいました。ここ50年で印刷技
術は変化を遂げ、今ではリトグラフ技法はあまり使われな
くなってしまいました。

「Jaffa」色々な角度から試す
（ヤッファ）

フィンランドではお馴染みのフルーツ炭酸飲料、Jaffa。1949年に発売されてから、様々な新商品が開発されてきました。エリックは約10年間で15種類のポスターをデザインしました。いくつかのポスターは長い間使用され、ボトルのパッケージデザインは30年も使われたものもありました。エリックが1950年代にデザインしたポスターが2006年には再び町中を賑わせました。

最初に手がけたのがレモンの炭酸飲料でした。エリックはレモンを1キロ分購入し、搾ったり、皮を剥いたりして、デザインの構想を練り、グラスの形を想わせるレモンのポスター（P16）を作成しました。オレンジ飲料の時も同じく1キロ分のオレンジで試行錯誤を繰り返し、オレンジがコニャックグラスのような形をしたデザイン（P17）が生

まれました。コニャックのグラスにこだわったのは、高級感を持たせること、そしてJaffaが子供だけでなく大人も楽しめるようにというマーケティング上の狙いがこめられています。1959年にデザインした3つの瓶が並んだポスターは最高ポスター賞を受賞しました（P19）。ロゴもより軽やかで泡がはじけるような雰囲気のものに変化を遂げます。「ハッピーヤッファマン」とエリックが呼んでいる1958年にデザインされたポスター（P20）は、それまでの1950年代に多く見られた深い色合いではなく、背景にはさわやかな白が選ばれ、よりモダンでジオメトリック、そしてフィンランドデザインの特徴が追加されました。1960年に誕生した椰子の木のようなポスター（P18）は、北国の住人の持つ南国への憧れを刺激し、大好評を得ました。

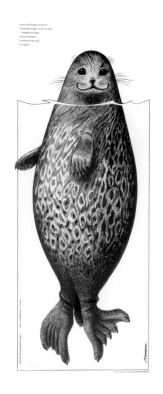

マッチ箱サイズのスケッチ

エリックがポスターデザインをする際に大切にしていることの一つがマッチ箱の法則です。走行するトラムの乗客が見ても、一目でメッセージが伝わらなければポスターの意味がないと考え、独自のスケッチ方法を編み出しました。100メートル先から見てもアイデアが視覚的に明白であるように、ポスターをデザインする際にはまずマッチ箱ほどの大きさで構図を考えます。小さいスケッチならば、移動中の船でも手軽にでき、短い時間でたくさんの案を出せるので効率的。今でもこの独自のスケッチで新しい案を練る日々は続きます。

「アザラシ」きっかけは自分で作る

新聞で湖水地方に住むアザラシの数が激減しているというニュースを読んで、胸を痛めたエリックはアザラシのポスターを描くことを決めます。湖水地方のアザラシが一頭だけすんでいるタンペレの水族館に自ら赴きました。一人ぼっちのアザラシは、エリックが水槽の前でスケッチを始めると、何度も何度も息継ぎをしてはエリックの前に戻って来てポーズを取ってくれました。エリックは夢中になってアザラシを描き続けます。「出来上がったデッサンをアザラシに見せると、にっこり笑ってくれました。きっと久しぶりに友達に会ったような気持になったのでしょう」。その忘れられない笑顔を絵に託し、見た人誰もが微笑まずにはいられない愛くるしいアザラシのポスターが完成しました。自然保護団体には予算がないので、エリックはロイヤルティー契約を結び、ポスターが売れるたびにエリックにも収益がでるシステムを作りました。ポスターは43000点も販売され、フィンランド国内で最も売れたポスターであることは間違いないでしょう。アザラシは人気を博し、自然保護団体のロゴにも採用されました。

elämän ihmeet

KORKEASAARESSA

「熊」直感に耳を傾ける

ヘルシンキの有力紙、ヘルシンキサノマットが発行する月刊誌のアンケートで熊が国獣に選ばれ、熊のポスターの依頼を受けました。エリックはすぐにヘルシンキの動物園に電話し、2本足で立つ熊を描きたい旨を伝えました。飼育係には国獣に選ばれたのならば、4本足で立つ姿を描くべきだと思うが、自分の目で確かめにくるようにいわれました。翌朝一番に動物園に行くと、2頭の若い熊が2本足で立って、誰がやってくるか興味深そうにこちらを見ていました。「願った通りの熊の絵が描けました。子供部屋の棚に貼れるように細長いポスターを作りたかったのです」。熊のポスターは多くの子供部屋に貼られ、子供たちの成長を見守りました。ポスターの右上には熊についてのテキストが書かれています。「僕は熊。フィンランドの国獣です。僕は大きいけど、すばしっこく、好奇心旺盛で雑食です。冬眠もします。フィンランドのおとぎ話、詩、笑い話にも登場します。あだ名もたくさんあります。フィンランドの森にすんでいます。フィンランド人と遭遇したら、僕は道を譲り、相手もそうするのです」。

「動物園のポスター」常に提案する心

与えられた課題をこなすのではなく、常に情熱を持って自ら提案する姿勢をくずしませんでした。ヘルシンキ近郊の島に位置する動物園のポスター（P105）を提案した際のエピソードがエリックらしさを物語っています。子供連れの家族が楽しんでくれるような愉快なポスターの制作に腕をふるいますが、失敗に終わります。動物園の職員は、「動物園でわれわれがふざけ遊びでもしていると思っているのか」と憤慨し、結局採用されることはありませんでした。動物園のロゴは採用され、そこには遊び心をほんの少しだけ残すことができたとエリックはいたずらっ子のように語ります。創作の際には、クライアントの気に入るデザインを作るのではなく、出来上がったポスターを見る人を常に最優先していました。不採用が続いても、挑戦することをあきらめなかったエリック。フィンランドの大手製菓会社、Fazer社では自社デザイナーを雇っていたので、なかなか案が通りませんでした。それでもあきらめずに提案をし続け、ミントタブレットのPAX（P121）のポスターの案が採用されました。

「フィンエアー」自分を信じてあきらめない

エリックは昔から魚釣りを趣味としていました。魚釣りをしにラップランドに行く際に気がついたことがありました。同じ飛行機には、釣りざおを持った人たちが多く乗っていたのです。「ヘルシンキとラップランドを結ぶ便は釣り人の経路だと直感しました」早速、アイデアスケッチをして、フィンエアーの担当者に見せに行きます。期待を裏切り、フィンエアー側からは「魚臭い飛行機に乗りたい人なんかいない」と一蹴。そこであきらめないのが、エリックの強さです。自分の作品を信じたエリックはリスクを負うことを決め、印刷所に向かいました。石版に直接絵を描き、70センチ×100センチのポスターを自費で刷り上げ、展示会に出展します。飛行機と化した魚が水しぶきをあげて大空を舞う力作が出来上がりました。この作品は見事に最高ポスター賞を受賞し、すぐにフィンエアーからのオファーがありました。このポスターは何千枚も刷られ、海外でも展示され、フィンランドのポスターデザイン史に刻まれました。

紙幣のデザイン

今までで最も難しかった仕事の一つは紙幣のデザインだったといいます。尊敬してやまないヴィルッカラの仕事を引き継ぐ喜びの反面、もちろんプレッシャーもありました。技術面でも紙幣の印刷は特殊なので、学ぶことが多かったといいます。そして何よりもセキュリティーが厳しかったとエリックは語ります。印刷所まで行くのに、何度もセキュリティーチェックを受けました。自宅でデザインをしていると聞きつけた銀行員は忍びでエリックの家に偵察にきたのだとか。エリックの家はスオメンリンナ島の軍施設のすぐ側にあり、時折銃を持った衛兵が歩行しています。たまたまその姿を見た銀行員はこの場所なら安心だと、エリックの家にも寄らずに帰路についたのだそうです。紙幣は1986年に発行され、ユーロ紙幣に替わるまで使用されました。ユーロ紙幣デザインの招待コンペが開催され、息子のダニエルと手分けして参加しました。残念ながら優勝は逃しましたが、ダニエルの作品は上位5名に選ばれました。

1

Julistesuunnittelu

Poster
Designs

ポスターデザイン

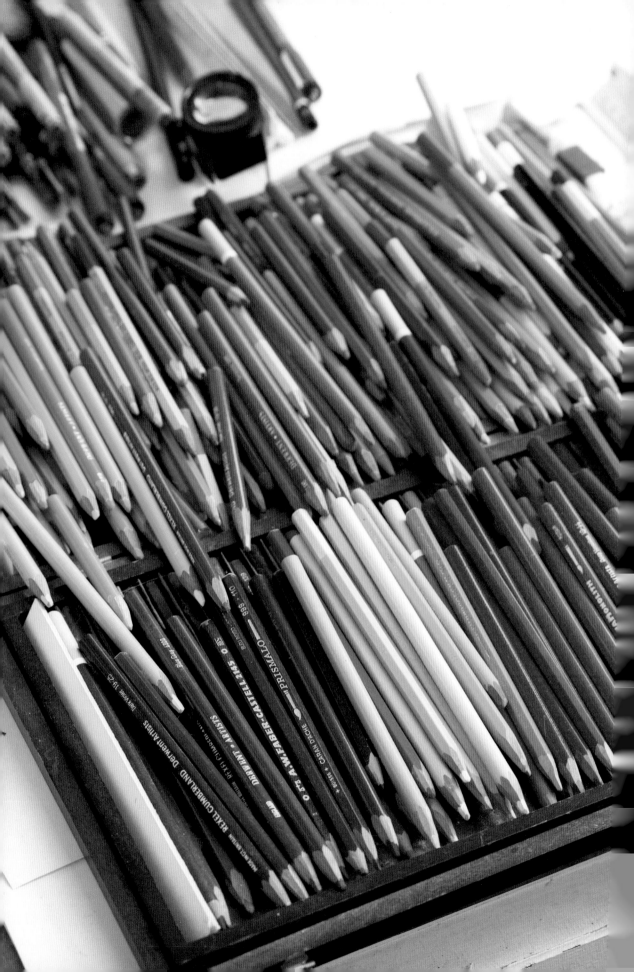

ポスターデザイン

2016年には90歳を迎えるエリック・ブルーンは、フィンランドを代表する現役のグラフィックデザイナー。1949年に美術学校を卒業して以来、遊び心溢れる作品で街角や家庭に笑みをもたらしてきました。数多い仕事の中でもエリックの魅力が一番表現されているのはポスターデザインです。学校で学んだリトグラフの技法を用い、70×100センチの原寸大ポスターを自ら制作しました。今までに手がけたポスターの数は500を超えます。

数々のポスターで成功を収めたエリックは、グラフィックデザイナーとしての地位を築いていきます。広告会社に勤めている際に手がけた、鮮やかな赤い背景に牛の顔がダイナミックに描かれたポスター（P83）は、初めて印刷された思い出深い作品です。1953年にフリーランスとして独立し、まもなく転機が訪れます。1954年、フィンランド最大のスウェーデン語の新聞、Hufvudstadsbladet社にデザインしたポスター（P55）は最高作品賞を受賞。若手デザイナーの快挙はメディアで取り上げられ、それ以降、仕事の依頼が途切れることはありませんでした。1955年には、にしんの缶詰（P36）、1958年には空飛ぶサーモンを描いたポスター（P42）が最高作品賞を受賞しました。また、エリックを一躍有名にしたのは1950年代から1960年代に手がけたHartwall社の炭酸飲料Jaffaのポスターです。写実的でユーモアが感じられる作品は世間の人気を博し、町の至る所に飾られました。なかには半世紀経った今でも親しまれているデザインもあります。

エリックが手がけるポスターはただ美しいだけでなく、擬人化された動物のモチーフ、シンボルの活用、言葉遊びなど様々なアイデアが駆使され、見る人が思わず笑顔になるような工夫が施されています。「若い頃からレイモン・サヴィニャックに憧れていました。ポスターは見る人が幸せな気持ちになった時に機能を果たすというサヴィニャックの哲学を常に念頭に置いています」と語るエリック。フランスの先人の教えを胸に、遊び心溢れる作品を意欲的に作り続けています。

Hartwall社 Jaffa　ポスター
1956-59
リトグラフィー

Hartwall社 Jaffa　ポスター
1956-59
リトグラフィー

Hartwall社 Jaffa　ポスター

1960年代前半
リトグラフィー

Hartwall社 Jaffa　ポスター
1959
リトグラフィー

Hartwall社 Jaffa　ポスター

1950年代後半
リトグラフィー

Hartwall社 Jaffa　ポスター

1960年代前半
リトグラフィー

エリックの代表作の一つはHartwall社のJaffaのポスター。1950年代から手がけたポスターは約15種類にのぼり、どれもアイコン的なデザインです。2006年には再び1950年代のポスターが復刻され、町中を飾りました。時を超えて愛されるデザインは、ポスターの他、テキスタイルや文房具にも姿を変えました。同時代に活躍していたスウェーデンのグラフィックデザイナーオーレ・エクセルはヘルシンキを訪れた際に、Jaffaのポスターが町中に飾られていた風景を目にし、心より感銘を受けたそうです。

Hartwall社 Jaffa　ポスター

1950年代後半
リトグラフィー

Hartwall社 Jaffa　ポスター
1960年代前半
リトグラフィー

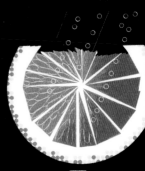

JUO · DRICK **JAFFA**

JUO · DRICK **JAFFA**

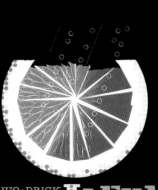
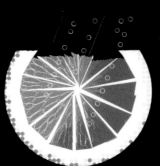

JUO · DRICK **JAFFA**

JUO · DRICK **JAFFA**

JUO · DRICK **JAFFA**

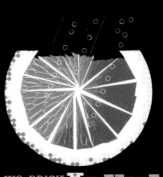

JUO · DRICK **JAFFA**

JUO · DRICK **JAFFA**

JUO · DRICK **JAF**

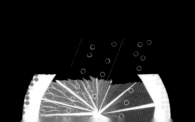

Vallila社
2010
プリントテキスタイル

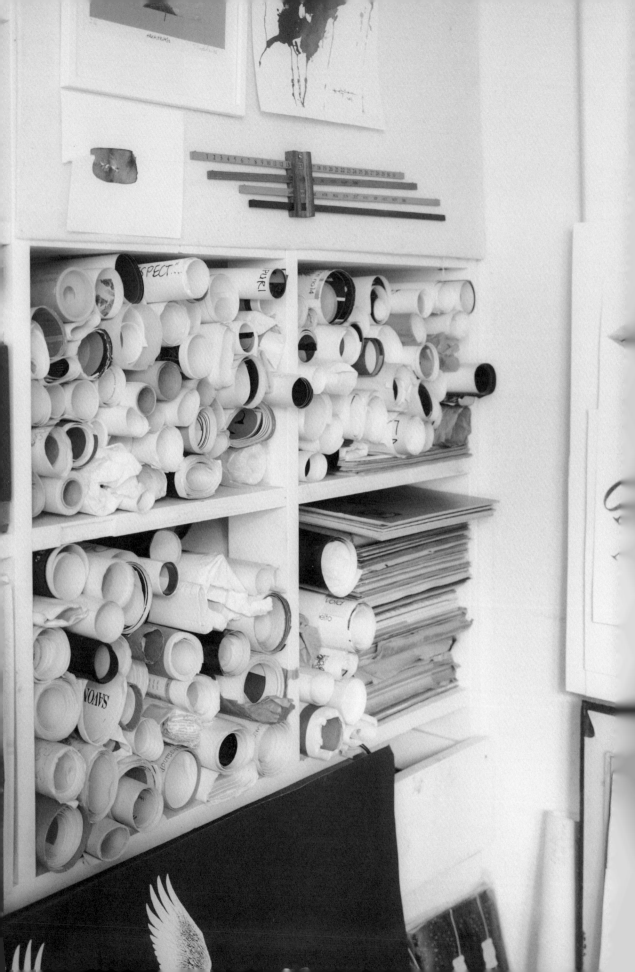

Hartwall社 Step　ポスター
1959
シルクスクリーン

Hartwall 社 VIP　ポスター

1960年代前半
オフセット

Kas-kas　ポスター
1960年代
リトグラフィー

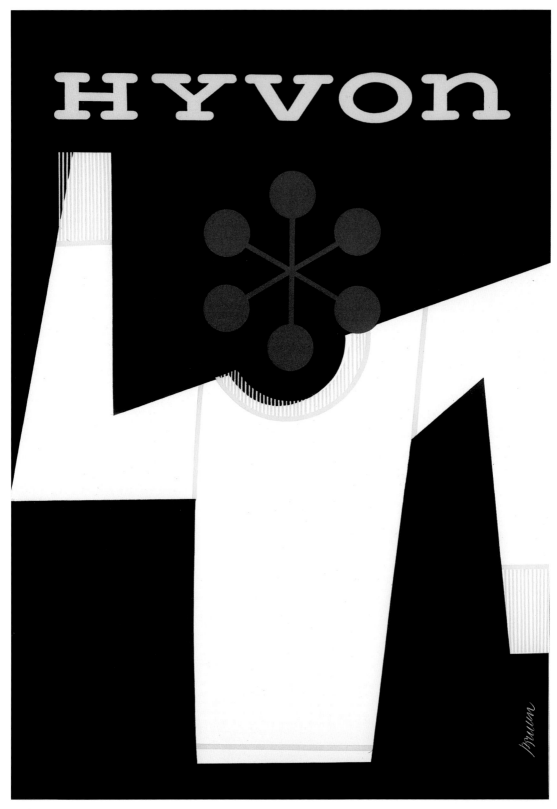

Hyvon社　下着の広告　ポスター

1960年代
リトグラフィー

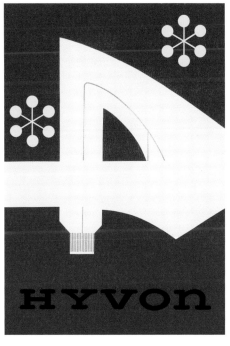

ティックリラ ペンキ工場　ポスター
1950年代後半-60年代前半
リトグラフィー

ティックリラ ペンキ工場　ポスター
1950年代後半-60年代前半
リトグラフィー

ティックリラ ペンキ工場　ポスター
1950年代後半-60年代前半
リトグラフィー

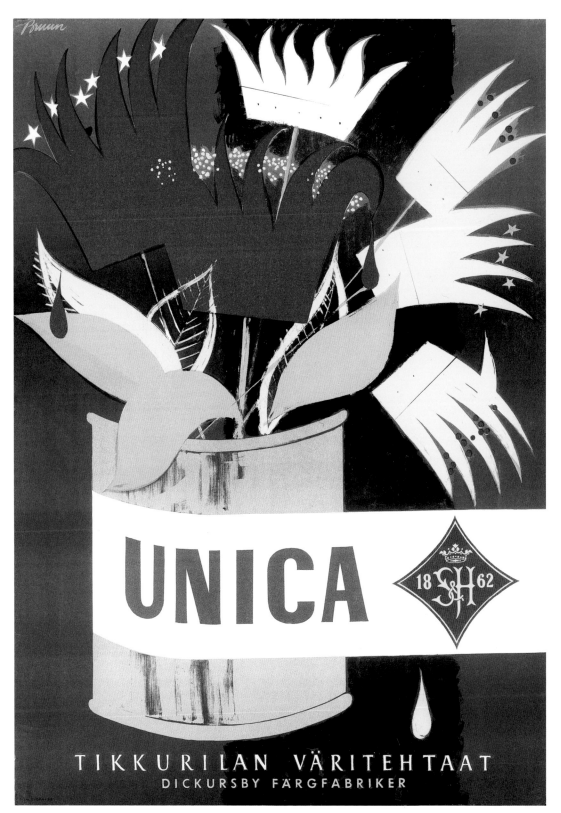

Kekkeri社　ニシンの缶詰　ポスター

1960年代前半
リトグラフィー

最高ポスター賞受賞

Decamin　ビタミンＤ錠剤の薬局　ポスター
1960年代前半
リトグラフィー

Veikkaus　駅の待合室用　ポスター

1960年代前半

リトグラフィー

Veikkaus　駅の待合室用　ポスター

1960年代前半

リトグラフィー

Finnair　ポスター
1965
リトグラフィー

コンペ優勝作品

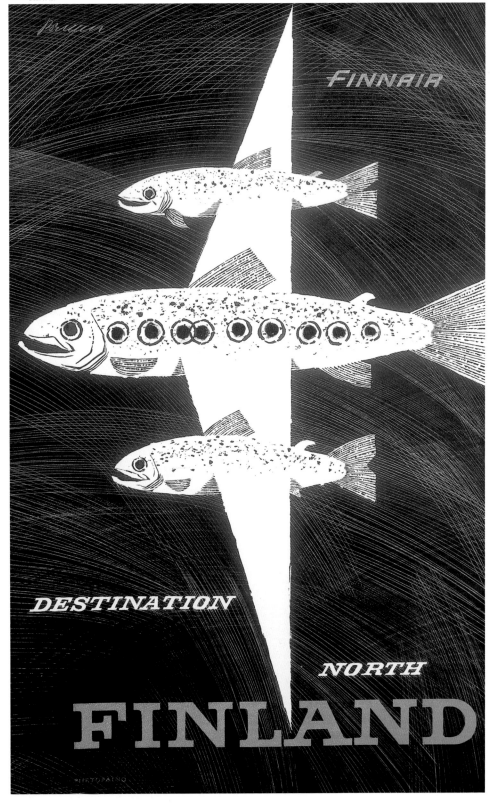

FINNAIR

Take a journey. Dare to dream.
Feel the breeze.
Spread your wings.
Discover yourself.
Follow your path.
Become unique.
Something that lasts.

YEARS

ハックマン社　建築資材　ポスター
1953
リトグラフィー

アウリ社　懐中電灯　ポスター
1950年代後半-60年代前半
リトグラフィー

Strenberg社 パイプ　ポスター

1950年代
シルクスクリーン

Fennia社 タバコ　ポスター

1956

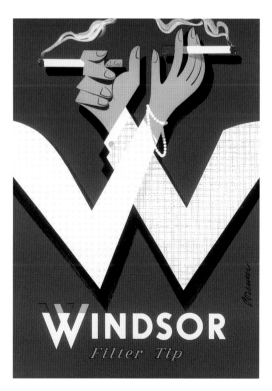

Kekkeri社　ニシンの缶詰　ポスター
1960年代前半
リトグラフィー

Hufvudstadsbladet社　ポスター

1953
リトグラフィー

Hufvudstadsbladet社　ポスター
1970年代

Veikkaus　駅の待合室用　ポスター

1960年代前半
リトグラフィー

郵便局　転居・転送サービス　ポスター

1950年代
リトグラフィー

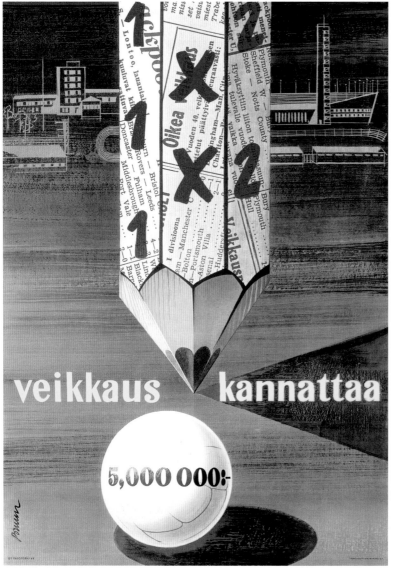

Helkama社　ラジオ　ポスター
1960年代前半
リトグラフィー

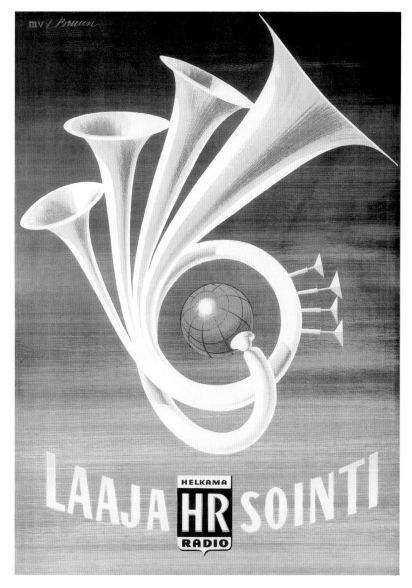

ハンコー　ビスケット　ポスター

1950年代
リトグラフィー

Hartwall社 Jopa ポスター

1960年代
リトグラフィー

郵便局　転居・転送サービス　ポスター
1950年代
リトグラフィー

フィンランドの四季のポスター　提案用スケッチ
1960年代
ペン画

Pori Jazzフェスティバル　スケッチ・ポスター
2015
ペン画

PORI JAZZ
2015 11th–19th July 2015
porijazz.fi

50th

PORI JAZZ

Havi社　店頭用＆ウィンドウ用　ポスター
1959-60
リトグラフィー

小さな試作スケッチ

1980年代

ペン画

FINLAND

Nokia社
寝具マットのウィンドウディスプレイ用広告
1980年代

ål, and och gädda=Åland

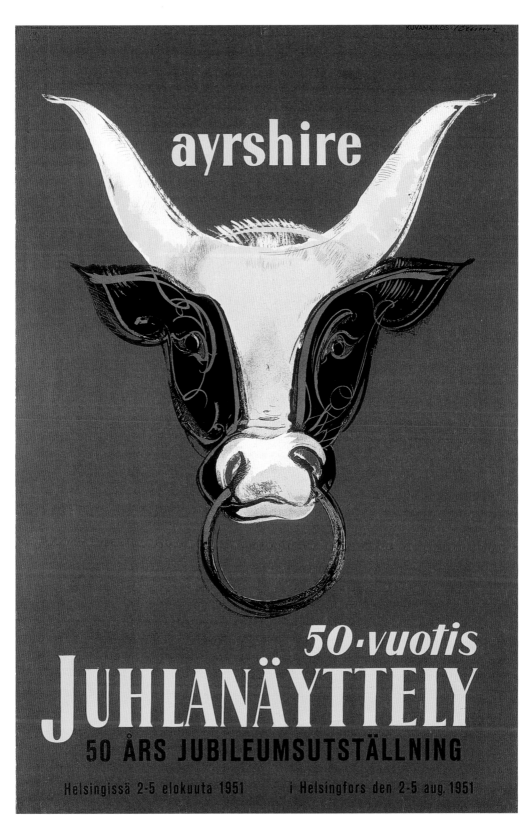

アイデアスケッチ　　　　　　　マンネルヘイム美術館のポスター　提案　　　　　　　　　　　　　　Aulankoホテル　ポスター
　　　　　　　　　　　　　　　1990年代　　　　　　　　　　　　　　　　　　　　　　　　　　　　1985
　　　コラージュ

AULANKO

ravintoa
silmälle ja suulle
ympäri vuoden

Fazer 社のために手がけた数々の提案スケッチ
1970年代

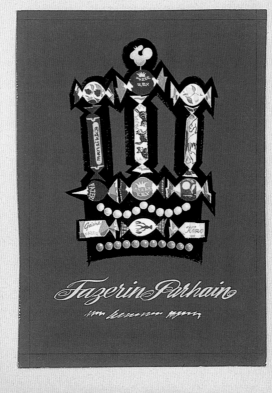

ティックリラ ペンキ工場　ポスター用のスケッチ
1950年代後半-60年代前半
リトグラフィー

スケッチ
1950年代

Koppla社　フェリー会社への提案用スケッチ
1960年代

ティックリラ ペンキ工場　ポスター提案
1950年代後半-60年代前半

郵便局　転居・転送サービス　ポスター提案
1950年代

Valio社　チーズのポスター　提案用スケッチ
2014
色鉛筆

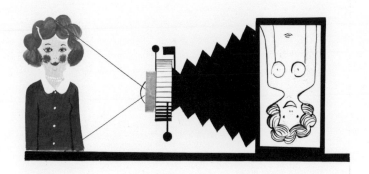

2

Mainos-, Taitto- ja Graafinen Suunnittelu

Advertisements,
Book Covers,
and
Other Designs

広告・装丁・デザインの仕事

広告・装丁・デザインの仕事

ポスターデザインの他にも、装丁、ロゴ、パッケージデザイン、雑誌の表紙など、幅広く仕事を手がけてきました。1960年代には、ヘルシンキやトゥルクなど、地方都市のポスターを制作しました。1970年代の終わりから1990年代にかけては、毎年夏にサボリンナで開催されるオペラ祭のポスターを担当。その仕事が評価され、1980年代の後半にはナーンタリの音楽祭のポスターも手がけます。1950年代後半から1960年代前半にかけて、アメリカのライフ誌にヒントを得た週刊誌の表紙のイラストを描き、当時の世界情勢をエリックらしいユーモアで色付けしました。

森が仕事を運んできてくれたというエリック。林業に携わるFinncell社は大切なクライアントの一つで、1960年代から30年以上にわたり年鑑の制作を担当しました。イラストの他に、自ら撮影した自然をモチーフとした写真を取り込むなど、表現に変化をつけました。1977年には業績が振るわないことを、読者に気づかれないように、突飛なアイデアをたくさん盛り込むようにとの注文がありました。エリックは持ち前の想像力を生かし、数々の目を見張るような近未来的なアイデアを次から次へと紹介しました。地下8000メートルから熱を引き上げるシステム、乗車人数によってサイズを変えられる電気自動車など、夢が溢れるアイデアをふんだんに掲載しました。子供たちと模型も作った電気自動車のアイデアは評価され、ブリュッセルの発明見本市で銀賞を手に入れます。

グラフィックデザインを通して、自然保護や慈善事業にも関わりました。1973年、アイスランドで火山が噴火し、小さな村が埋もれてしまい、何千もの人が避難せざるをえなくなったというニュースを聞き、胸を痛めたエリック。Hufvudstadsbladet紙にポスターデザイン（P127）を提供し、ポスターの収益を村の開発費として寄付しました。エリックはグラフィックデザインを通し、人々の暮らしをよくしたいという願いを持っているのです。

コンペ優勝作品

HELSINKI

the Capital of Finland

ヘルシンキの動物園　ポスターの提案スケッチ
1990年代
リトグラフィー

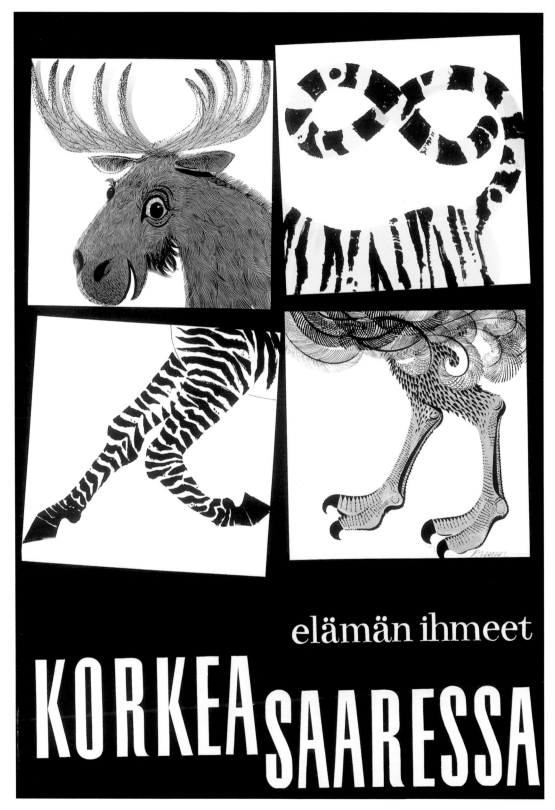

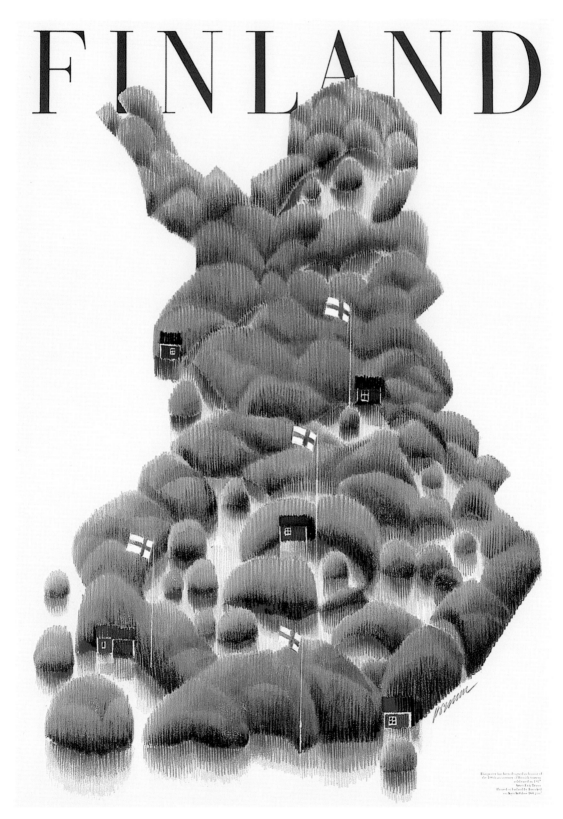

湖水地方を走るフェリー会社　ポスター

1957
リトグラフィー

フィンランド自然保護団体　ポスター

1957

IRTONUMERO 70:—　　　　　　　　HELSINKI 1957 SANOMA OY LAAKAPAINO

Tämän päivän Itävalta esittäytyy sisäsivuilla
lehtemme lähettämän toimittajan ja
kuvaajan kynällä ja kameralla

Viikko誌　表紙
1957
1961/1959

Hartwall社　Perry　ポスター
1970年代
リトグラフィー

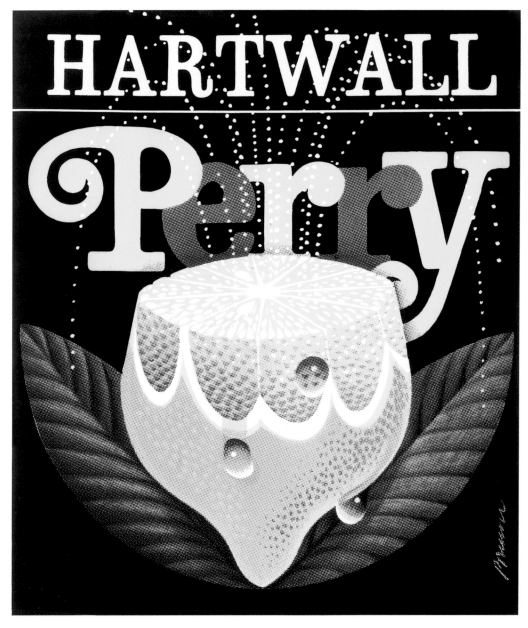

ERIK BRUUN 8.7.-11.8.-85

GRAPHIK DESIGN

8.Juli-11.Aug.-85

TAIDEHALLISSA I KONSTHALLEN

GRAPHIC EXHIBITION

Fazer 社　ポスター
1950年代

フィンランドのプロモーション用　ポスター提案
1960年代

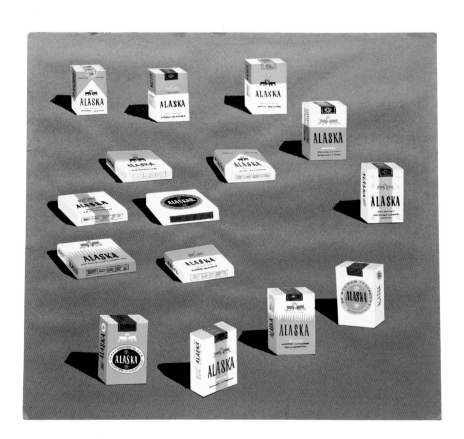

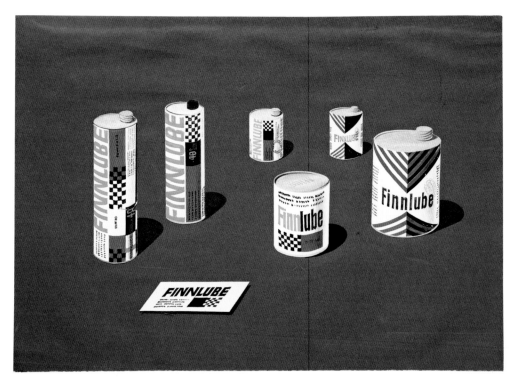

パッケージデザインの提案
1960年代

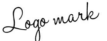

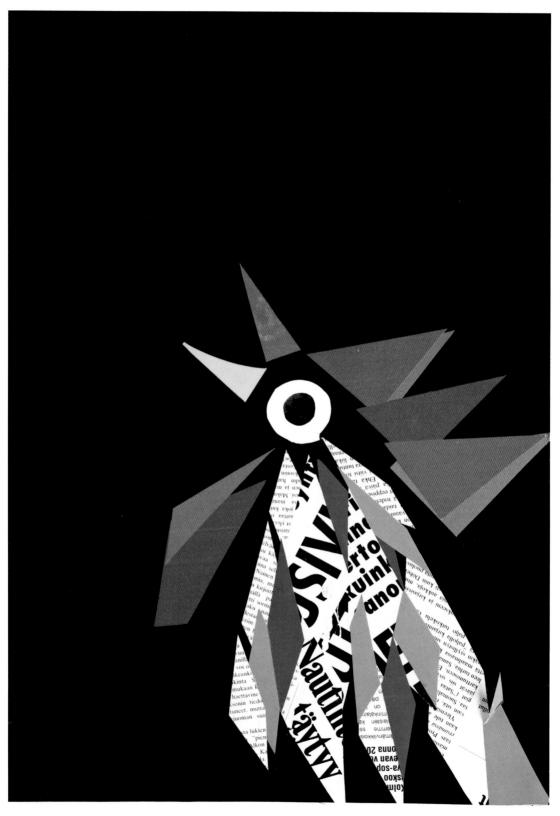

アイスランド噴火　チャリティポスター
1970年代

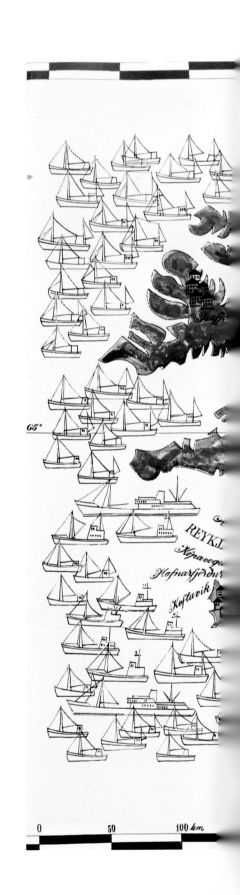

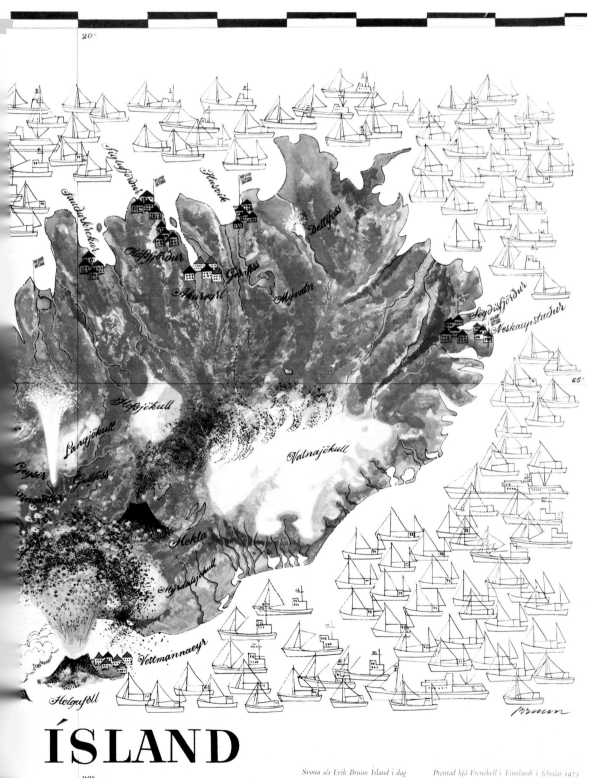

ÍSLAND

Svona sér Erik Bruun Ísland í dag   Prentad hjá Frenckell í Finnlandi í febrúar 1973

Borgå, Finlands
näsäldsta stad,
grundad 1346.
Levande stadsidyll
50 km öster om
Helsingfors

Erik Bruun
Frenckellin Kirjapaino Oy
Frenckellska Tryckeri Ab
Helsinki, Helsingfors

BORGÅ FINLAND

SUOMENLINNA
VIAPORI

Kustaanmiekan linnake.
Rakennettu vuodesta 1748 alkaen
Augustin Ehrensvärdin johdolla.
Kuninkaanportin kivitaulussa sanat:
Jälkimaailma, seiso täällä
omalla pohjallasi,
äläkä luota vieraan apuun.

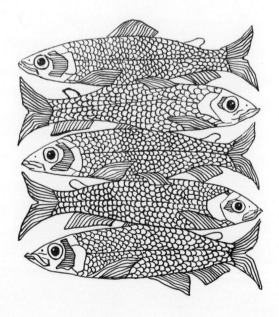

クリスマスカード　提案スケッチ

1990年代

SAVONLINNA OPERA FESTIVAL
Every year in July

142

サボリンナ　オペラ祭　ポスター
1981

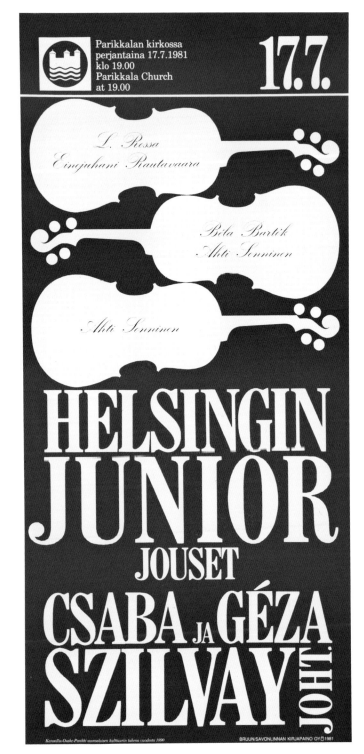

ナーンタリ音楽祭　ポスター
1986

サボリンナ　オペラ祭　ポスター
1980

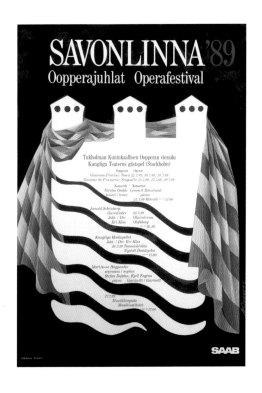

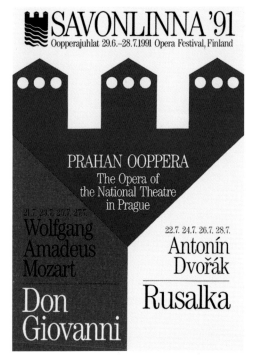

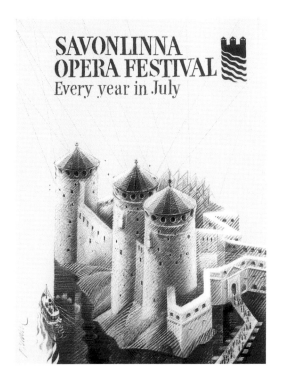

SAVONLINNA'93

Oopperajuhlat 30.6.- 27.7.1993　Opera Festival, Finland

VERDI

Macbeth

Kokkipuoti　調理器具専門店　包装紙デザイン
1960年代

MEK

ナーンタリ音楽祭　ポスター

1989

ナーンタリ音楽祭　ポスター

1988

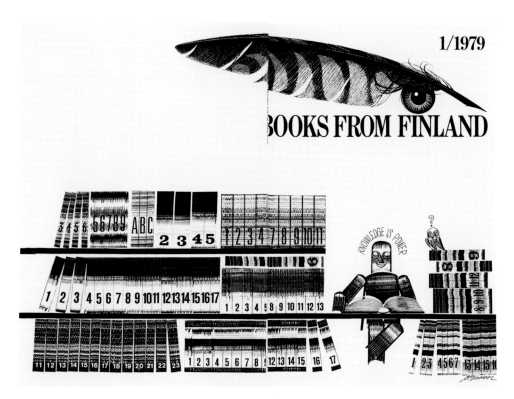

1/1988

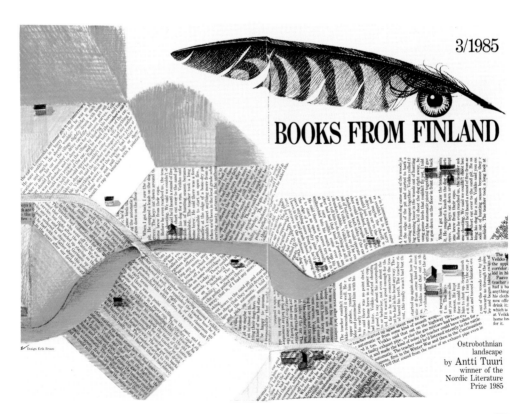

3/1985

Finnish Design Center

Matti Sainio, Musta talvi, valkea kesä（黒い冬、白い夏）本の装丁・レイアウト

1966

ラップランドの人や自然を被写体とした写真で知られる
フォトグラファー、マッティ・サーニオ（1925-2006年）
の写真集「Musta talvi, valkea kesä」（黒い冬、白い夏）
のレイアウトを手がけました。モノクロ写真にあわせ、
装丁もすべて白黒に統一。斬新なレイアウトは当時グラ
フィックデザイナーの間でも注目を集めました。

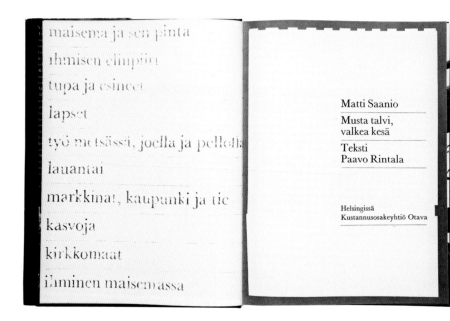

FINLAND

絵を描くだけでなく、写真も重要な表現手段でした。1950
年代からエリックは家族とともに夏は大自然の中に佇む夏小
屋で過ごします。森はアイデアの宝庫。友人から譲られたマ
ミヤのカメラを片手に森の植物やキノコを撮影しました。美
しい写真は数々の表紙を飾り、42種類のポスターからなる
フィンランドの森シリーズが作られました。

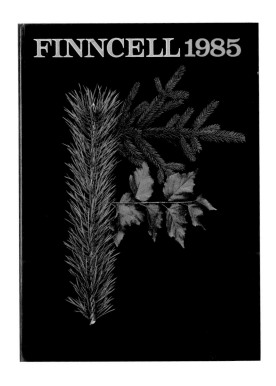

フィンランドの森シリーズ　ポスター

1970-80年代

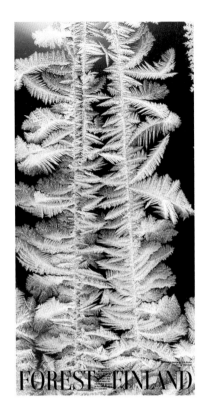

スオメンリンナ島のカタログ　表紙
1980

VIAPORI – GESCHICHTE EINER FESTUNG

SUOMENLINNA · SVEABORG · FINLAND

3

Eläintutkielma ja Luonnoksia

Miniatures and Sketches

細密画・スケッチ

細密画・スケッチ

リトグラフで培った抜群の描写力を持つエリックは、切手や紙幣の
デザインをきっかけに、細密画を多く手がけるようになりました。
1980年代から手がけている郵便切手のデザインは重要な仕事の一
つです。現在は52作目にあたる新作の発表に向けて準備しています。
モチーフによく登場するのは世界遺産、鳥、自然など。40年以上住
んでいる世界遺産のスオメンリンナ島をモチーフにした切手のデザイ
ンも手がけています。毎年、春が来るとエリックの庭に必ず戻ってく
る渡り鳥たちも格好のモチーフ。この島の豊かな自然はエリックに数
えきれないほどインスピレーションを与えてくれました。

母が養鶏所を経営していたこともあり、小さな頃から鳥や動物に囲
まれて育ったエリック。動物は常に身近な存在であり、動物をモチー
フにした作品も意欲的に取り組みました。1974年に作られたアザラ
シをはじめ、熊、ウミワシ、アルバトロスなど、動物シリーズは15
種類にのぼります。二本足で直立した凛としたまなざしの熊や微笑
んだアザラシのポスターは子供部屋に飾られ、フィンランドには「ア
ザラシと一緒に育った」という人も多いのだとか。アザラシはフィ
ンランドの自然保護団体のロゴや銀行のキャッシュカードにも使用さ
れ、フィンランドの人にとってなじみのあるイメージです。博物館か
ら本物の白鳥の羽を借りて描かれたデッサンは、フィンエアー 90周
年記念ポスター（P45）に採用されました。

よい仕事をしている時は夢でもアイデアが浮かぶというエリック。あ
る日、夢で6つの帆がついた船（P202）を見た時は、興奮が冷め
ないうちに夢で見た船の絵を仕上げました。今でも思いついたアイ
デアはスケッチして形に残します。溢れんばかりのアイデアは誰に見
せたらよいかわからず、未公開の秘蔵スケッチもたくさんあります。

自然保護団体　ポスター
実物大に描かれた白鳥の羽

2013

168

TUNNUS
idcahonnohsia

ei
vo

SUOMEN
METSÄSTYSMUSE
RIIHIMÄKI

SUOMEN
METSÄSTYSMUSE
RIIHIMÄKI

SUOMEN
METSÄSTYSMUSEO
RIIHIMÄKI

palkustus

SUOMEN
METSÄSTYSMUSE
RIIHIMÄKI

hahittelya
11.12.2010

展示会　ポスター
2010
筆

LUONNON VOIMA 27.5.-10.10.2010
Erik Bruunin julisteita ja käyttögrafiikkaa
SUOMEN METSÄSTYSMUSEO
RIIHIMÄKI

熊が国獣に選ばれた際の記念ポスター

Olen karhu, Suomen kansalliseläin.
Olen iso mutta nopea,
utelias ja kaikkiruokainen.
Nukun talviunta.
Elän suomalaisten saduissa,
runoissa ja kaskuissa.
Minulla on kosolti lempinimiä.
Asun ja liikun
suomalaisessa metsässä.
Jos suomalainen tulee vastaan,
teen hänelle tietä
– ja hän minulle.

自然保護団体　ポスター

1974

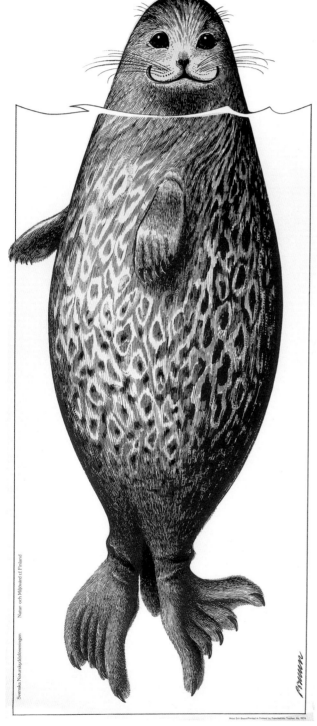

Jag är en säl. Östersjön är mitt hem.
Föroreningen drabbar inte bara oss sälar
— miljögifterna är farliga
också för människan...
Vi måste alla få finnas till.
Låt mig leva!

Svenska Naturskyddsföreningen   Natur och Miljövård r.f. Finland

Antux Erik Bruun/Printed in Finland by Frenckellska Tryckeri Ab, 1974

174

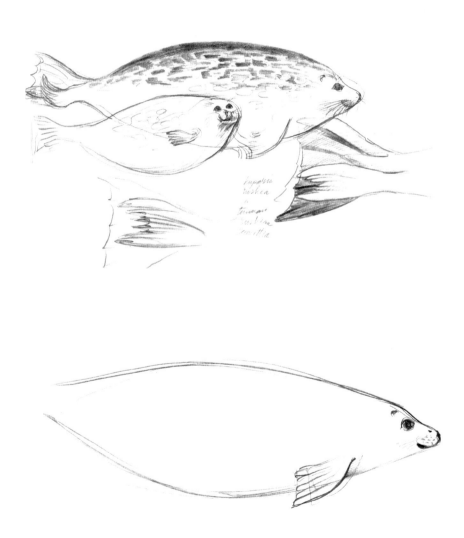

FISKARS 1649

SUOMI FINLANI

クリスマスカード　提案

1999

Hengitys ja Terveys
結核予防会　封かん紙　夏のスオメンリンナ

1980年代

Hengitys ja Terveys
結核予防会　封かん紙　冬のスオメンリンナ

1980年代

engitys ja Terveys
核予防会　クリスマスカード提案
95

FINLANDIA

Itsenäinen Suomi 90 v.

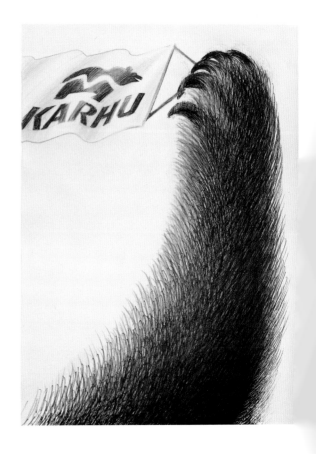

Hengitys ja Terveys
結核予防会　クリスマスカード提案
1980年代

Hengitys ja Terveys
結核予防会　封かん紙
1990年代
妻シニッカによるデザイン

郵便切手　世界遺産　ペタヤヴェシの古い教会
2005

1980年代前半からエリックが手がけた切手の数は51。現在も新しいデザインに取り組んでいる最中です。モチーフは自然、動物、世界遺産など多岐にわたります。得意としたのは鳥のシリーズ。水鳥、きつつき、ふくろうなど、フィンランドにすむ鳥の姿を細密画で表現し、自らの提案で実現しました。中でも思い出に残っているのは故郷でもあるカレリア地方の都、ヴィープリ（現ロシア領）の記念切手（P194）です。よく見ると、エリックの反骨精神が反映されています。

Frenckell社　封かん紙
2000年代

郵便切手　世界遺産　ヴェルラ
2001

SUOMI FINLAND
Vanha Rauma Gamla Raumo
€0.60
2002

SUOMI FINLAND
€0.60
2002
Vanha Rauma Gamla Raumo

€0.60
2002
Vanha Rauma Gamla Raumo
SUOMI FINLAND

€0.60
2002
Vanha Rauma Gamla Raumo
SUOMI FINLAND

6 416982 002767
Hinta 2,40 € Pris

Ilmestymispäivä
06.03.2002
Utgivningsdag

N:o 02014-10-2001

Rauma sai kaupunkioikeudet vuonna 1442. Vanha Rauma nimettiin UNESCO:n maailmanperintöluetteloon pohjoismaisena puukaupunkina vuonna 1991.

Raumo fick stadsrättigheter 1442. Gamla Raumo infördes som nordisk trästad på UNESCO:s världsarvslista 1991.

Rauma was granted the rights of a city in 1442. Old Rauma was included on the UNESCO World Heritage List as a Nordic wooden town in 1991.

郵便切手　フクロウ
1998

郵便切手　森林調査
1995

FDC

Metsäntutkimus
Skogsforskning

FDC

Harmaahaikara アオサギ　ポスター
2003

Tunturipöllö シロフクロウ　ポスター
1998

Kuikka オオハム　ポスター
2003

鮭　ポスター
2000

Gavia arctica

Salmo Salar

hyvä metsä kaikille!

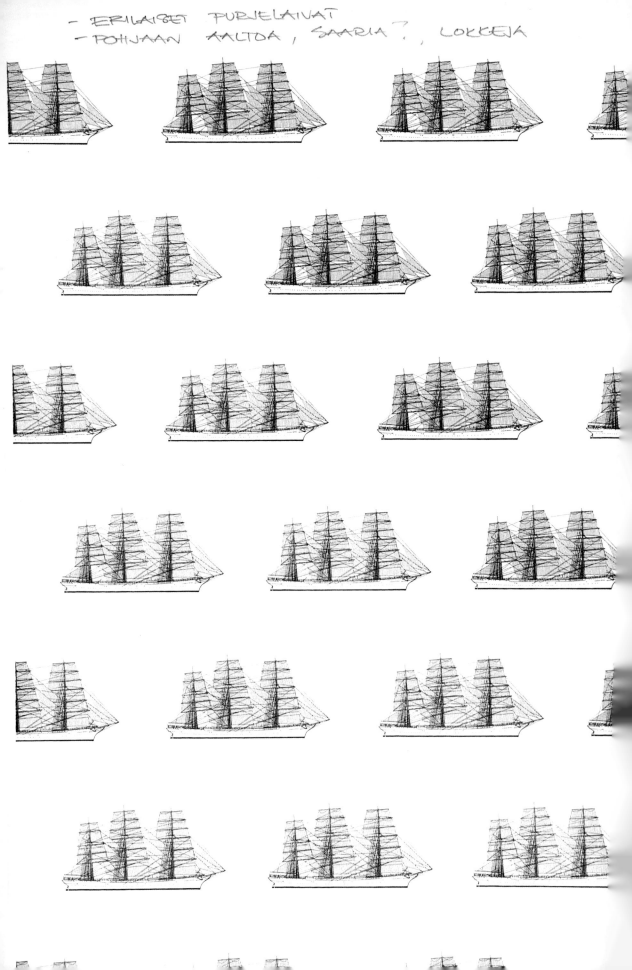

- ERILAISET PURJELAIVAT
- POHJAAN AALTOA, SAARIA?, LOKKEJA

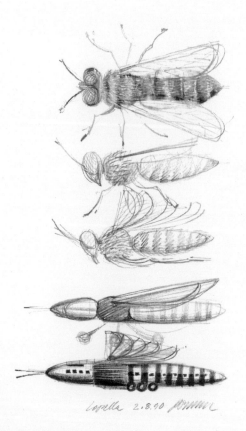

Lucilia 2.8.90

アイデアスケッチ

海底500メートルのところから温水を
引き上げ、年中凍らない箇所を作り、
鳥たちがすめるようにするアイデア。

クリスマスカードのスケッチ
1990年代

ポスターの一部
1980年代

Perca fluvialilis

Anguilla anguilla

Vallila社　プリントテキスタイル

2010年代

Abramis brama

Perca fluvialilis

Salmo trutta

Esox lucius

Perca fluvialilis

Anguilla anguilla

Abramis brama

Salmo trutta

Perca fluvialilis

Esox lucius

Anguilla anguilla

Perca fluvialilis

Abramis brama

Salmo trutta

Perca fluvialilis

Esox lucius

Perca fluvialilis

Anguilla anguilla

Elämäkerta

Biography

バイオグラフィー

4

子供時代に過ごした家　左からエリック（12歳）、母、兄

カレリア地方で過ごした幼少時代

1926年4月7日、カレリア地方（現ロシア領）のヴィープリで生まれ、美しいサイニオ村で育ちました。スウェーデン語を母国語とする父パウルとはスウェーデン語、母と兄とはフィンランド語で会話しました。4歳年上の兄カイは冒険仲間でもありました。小さな村ですが、偶然にもガラスデザイナーのオイヴァ・トイッカ、家具デザイナーのウルヨ・クッカプロなど同世代の著名なデザイナーを多く輩出しています。母のインケリは養鶏所を営んでいたこともあり、幼い頃から動物たちは身近な存在でした。鳥は人生を通して、重要なインスピレーションの源の一つであり、生まれ育った環境の影響が強いとエリックは語っています。

サイニオ村の母が営む養鶏所

飛び抜けた絵の才能

幼い頃から絵の才能を発揮していましたが、それが原因で思わぬ苦労も経験しました。父方の祖父が測量師で、祖父の描いた地図を小さい頃から見て育ったエリック。地理の授業で地図の課題を誰よりも張り切って取り組み、母方の祖母の母国、デンマークの立派な地図を描きあげました。その地図があまりに上出来だったので、地理の教師はエリックが描いたものとは信じず、クラスメートの前で不正行為は許されざることであると説教し、エリックの描いた地図を皆に見せしめたのでした。落ち込んだエリックは家に帰り、両親に相談しましたが、当時教員には絶大な権威が与えられていたので、真実を知っている両親も学校に訴えに行く勇気がありませんでした。結局、同じ教師から無条件で3つの教科で落第点をつけられ、留年することになってしまいます。この事件の悔しさは、グラフィックデザイナーの道へ進むことになる重要な決定打になったとエリックは当時を振り返ります。

幅3.5メートルの模型飛行機　1942

夏休みの冒険

1940年代、戦争のため家族は長く暮らしたカレリアを離れ、フィンランドの南部に引っ越します。故郷を離れた悲しみを察した建築家は、カレリア地方の伝統的なログハウスを設計しました。両親は養鶏所の経営を続け、後に園芸店を開業しました。この土地でエリックの家族は新たな人生を切り開きます。

もの作りに没頭した青年時代。鳥への関心が空を飛ぶことへと発展し、空気力学に興味を持ったエリックは自らたくさんの模型飛行機を制作しました。1942年には長さ3.5メートルの美しい模型飛行機を作りあげました。飛行機に使われる薄いベニアと紙からできた模型はわずか2.1キロ。凍った湖の上で試し飛行を行いました。向かい風を受け、途中で模型をつないでいた糸が切れてしまい、模型は町を目指してまっしぐらに飛びます。すがるような思いで見つめていると模型はUターンしてエリックの元へ戻ってきてくれました。

学生時代の夏休みに、人生初の海外旅行に出かけます。ボートレースに参加するため、兄と2人で作った手漕ぎボートで、隣の国スウェーデンまで600キロの道のりを自力で渡りました。10日かけてストックホルムに到着しました。そこからは2人乗り自転車を借り、600キロを3日間かけて、オスロの親戚を訪ねました。ストックホルムでは兄が財布をなくし、一文無しになった2人。オスロを目指す中、一人は右側、もう一人は左側の道端に捨てられた空き瓶を探しながら自転車を漕ぎました。ぜんぶで25本の瓶を現金に替え、3日間生き延びたのだそうです。オスロでは、2人の冒険を聞きつけたメディアにインタビューされ、その謝礼をもらい、また親戚の助けもあって、無事に帰路につくことができました。また翌年にはいとこ2人でコペンハーゲンからパリ経由でローマまで自転車で旅をしました。

写真上：1947年ボートを漕いで
ストックホルムへ
下：2人乗り自転車でオスロへ

1950年代前半 展示デザインの仕事を手がけ

学生時代

母親は建築家になることを願っていましたが、戦争で高校卒業
の資格が得られなかったため、大学進学は断念しました。母親
の願いとは裏腹に、かねてから憧れの職業だったグラフィックデ
ザイナーを目指します。戦時中、エリックは兵役に二度赴きまし
た。兵役中には教材に必要な絵を描くなど、グラフィックデザイ
ンの仕事に携わることができた上、1944年からは2年間夜間
学校に通う機会を得ました。その後、中央美術工芸学校（現・
アアルト大学）に入学し、グラフィックデザインを3年間学びます。
カイ・フランク、タピオ・ヴィルッカラなど時代を引っ張るデザ
イナーたち、そして第一線で活躍する広告代理店のアートディレ

クター、ユルモ・スホネンを教師陣に迎え、有意義な学生時
を送りました。学生たちの楽しみは、平日の忙しさが落ち着い
土曜日の会社訪問でした。広告デザイナーの仕事を間近に
し、刺激を受けます。また、タピオ・ヴィルッカラはエリッ
影響を与えた教師の一人であり、デザイナーとして模範的
物でした。「仕事をする時は夢中になって取り組むべきで
アイデアが出ない時は次の日に取り組めばよい」ヴィルッカ
アドバイスは心に残りました。デザイナーになってからアイ
に苦労した時など、何度もこの言葉に支えられたのでした。

グラフィックデザイナーの仕事

美術学校卒業後は展示デザインに携わり、大きなフェアのデザインを担当しました。1951年に手がけたスペインの闘牛を思わせる情熱的な赤い背景のポスター（P83）は社内コンペで優勝し、初めて自分のデザインが印刷されることになります。その後、1951年から1953年まではIlmo社で広告デザイナーとして勤務。徐々にエリック個人への仕事の依頼が増え、より自由な立場で創作に集中できる環境を選択し、1953年フリーランスとして独立をします。独立後、間もなくチャンスが訪れます。Hufvudstadsbladet社に手がけたポスターが1954年の最高ポスター賞に輝いたのです。以来、仕事に困ることはなく、今でも人気を誇るJaffaのポスターをはじめ、1950年代から1960年代にかけては主にポスターデザインの仕事を手がけ、多くのアイコン的な作品を世に送り出しました。1960年代以降はポスターデザインの他、ロゴ、レイアウト、切手、紙幣など幅広く仕事に取り組みました。

写真上：1940年代に家族が引っ越した新しい住居
　　下：兵役時代 1946年

森の生活

夏になると、エリックは家族とともに製紙産業のKymi社が1956年に建てた夏小屋に出かけました。15年間Kymi社の仕事を手がけ、報酬から夏小屋のローンが引かれ、1980年代には夏小屋はエリックの名義になりました。床や屋根を子供たちと修理して、快適に仕上げました。夏小屋はただ休暇を過ごすためだけのものでなく、エリックにとっては仕事にも直接関係していました。美しい森や湖からたくさんのアイディアを吸収したのです。1960年代からは写真が表現方法として新たに加わりました。四季とともに移りゆく自然の豊かな表情を積極的にレンズに納め、数々のフィンランドをモチーフにしたポスターが生まれました。（P160-163）

1970年から住んでいるスオメンリンナ島
のアトリエ兼自宅

生まれ故郷を訪ねて

1997年、勇気を持って家族とともにロシア領になったサイニオ村があった場所を訪れました。電車でヴィープリまで行き、そこからタクシーで向かいました。生家は跡形もなくなっていたので、駅からの距離を測って、家の場所を探らなければなりませんでした。隣人の土地には家の瓦礫があり、そこに家の礎石が移動していました。物質的な故郷は失われたものの、カレリア地方で育った幼少期の思い出はエリックの心に深く刻み込まれています。

世界遺産の島での暮らし

1968年に妻のシニッカと共同で作ったポスターをきっかけに、世界遺産であるスオメンリンナ島に魅せられました。縁があり、1970年にスオメンリンナ島に拠点を移しました。引っ越した時には5人暮らしでしたが、子供たちが巣立った後は黄色い木造建築に妻のシニッカと2人暮らしをしています。春になると毎年渡り鳥がエリックの庭に舞い戻ります。今年は天敵から身を守るため、階段のすぐ脇に巣を作ったものもいました。初夏の庭は花が咲き誇り、秋には渡り鳥が南へ旅立ち静かになります。冬にはあたり一面凍った氷の上で子供たちは雪遊びをしました。引っ越した当初は家の周りには木も生えていませんでしたが、庭師の息子であるエリックがそこに住むと、たちまち庭は華やかになりました。現在でも、自宅にあるアトリエで絵を描く日々が続きます。仕事を始めてから65年以上が経ちます。「こんなに仕事を長く続けられたのは、描くことが趣味でもあるから。仕事を仕事と感じたことがありません」一生退職を迎えることはないだろうと微笑みます。今もなお、エリックは優しいまなざしでモチーフを見つめ、丁寧に作品を作り続けています。

Erik Bruun エリック・ブルーン

グラフィックデザイナー、教授
ヘルシンキのスオメンリンナ島在住
1926年4月7日 ヴィープリで生まれる
1944-49年 中央美術工芸学校でグラフィックデザインを学ぶ
1956-64年 広告デザインの学校にてポスターデザインについて教鞭を取る
1958-59年 広告デザイン協会の議長
1961-65年 オルナモ 委員会メンバー
最高ポスター賞 受賞多数
1989年 コイヴィスト大統領より教授の名誉称号を授かる
2001年 ヘルシンキ芸術デザイン大学 名誉教授

参考文献
Sulka ja kynä Erik Bruun julisteita ja käyttögrafiikka, Grafia 2007

Erik Bruun
北欧フィンランド　グラフィックの巨匠
エリック・ブルーン

2015 年 7 月 10 日 初版第 1 刷発行

著者：エリック・ブルーン

執筆：島塚絵里

デザイン：オオモリサチエ (and paper)

写真：佐々木孝憲

編集：高橋かおる

発行人：三芳寛要
発行元：株式会社 パイ インターナショナル
〒170-0005　東京都豊島区南大塚 2-32-4
TEL 03-3944-3981　FAX 03-5395-4830
sales@pie.co.jp

編集・制作：PIE BOOKS
印刷・製本：図書印刷株式会社

ⓒ2015 Erik Bruun / PIE International
ISBN978-4-7562-4663-9 C3070
Printed in Japan